كيفَ أرسمُ

الفواكهَ

دار جامعة حمد بن خليفة للنشر
HAMAD BIN KHALIFA UNIVERSITY PRESS

التُّفَّاح

للتفَّاحِ ثلاثة ألوان رئيسية مختلفة التدرجات، وهي الأحمر والأصفر والأخضر.

الخطوة 1 2 3 4

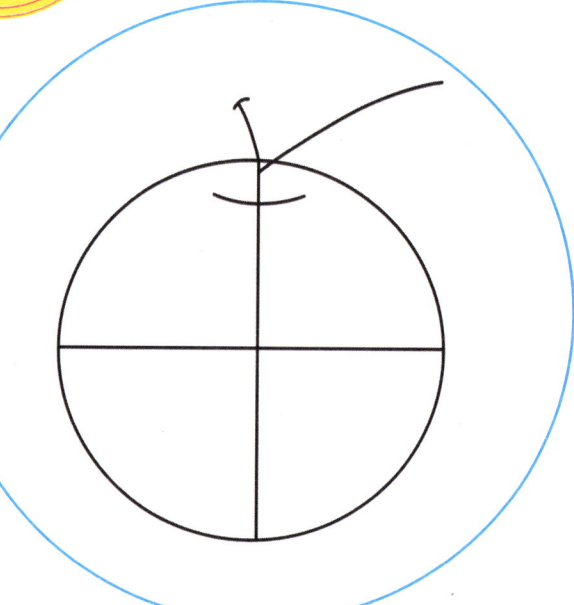

1 ارسم دائرة للثمرة وخطوطًا للورقة والعرق. وارسم خطًّا مستقيمًا بالعرض وآخر بالطول في منتصف الدائرة. وارسم قوسًا آخر أسفل العرق.

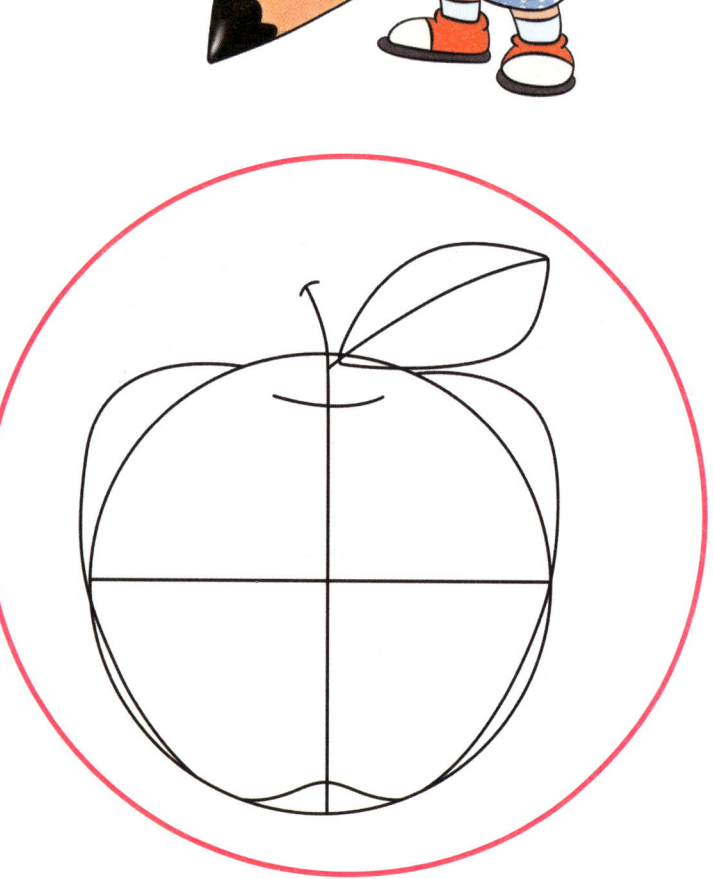

2 ارسم الورقة، ثم ارسم جسم التفَّاحة.

3 ارسم العرق. ثم امحُ الخطوط غير الضرورية (المحدَّدة باللون الأحمر).

4 ارسم عروق الورقة وباقي تفاصيل العرق والثمرة، وارسم حرف "أ" لتبدو التفّاحة لامعة.

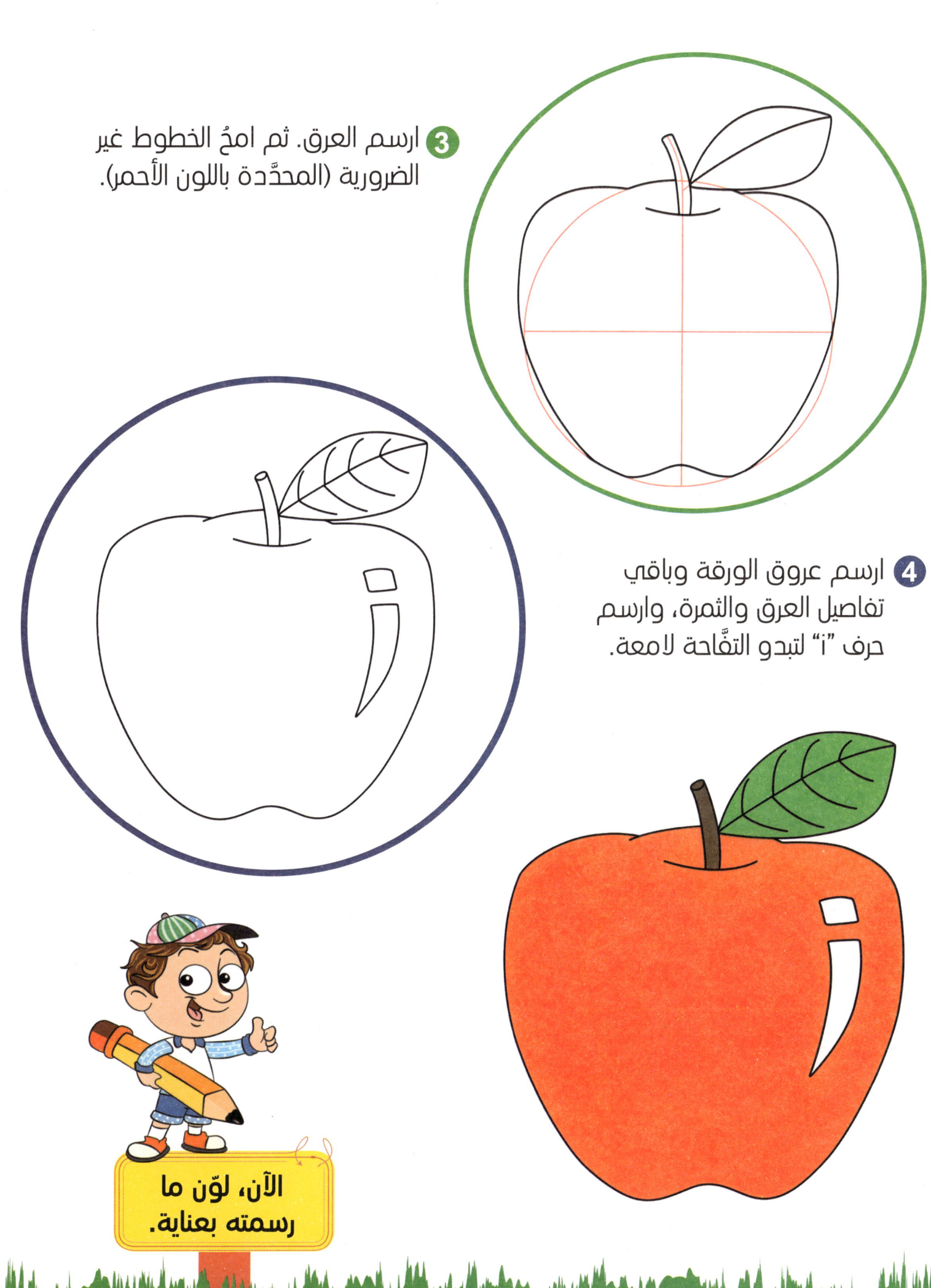

المانجو

الخطوة 1 2 3 4

تعتبر المانجو الفاكهة القومية في الهند والفلبين. تنبت في البلدان الحارّة.

1. ارسم دائرة للثمرة وخطوطًا للأوراق والعرق.

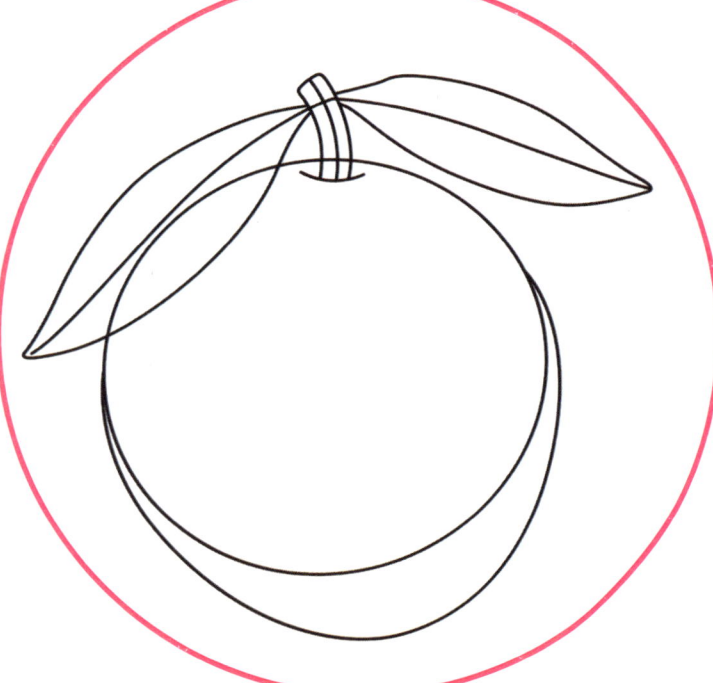

2. ارسم الأوراق والعرق، وارسم شكلًا بيضويًا يشبه شكل الثمرة.

3 ارسم شكل المانجو. بعد ذلك، امحُ الخطوط غير الضرورية (المحدَّدة باللون الأحمر).

4 ارسم عروق الأوراق.

الآن، لوِّن ما رسمته بعناية.

الموز

الخطوة ❶ ❷ ❸ ❹

ينمو الموز في عناقيد كبيرة. لعرق شجرة الموز عرق أكبر تحت الأرض.

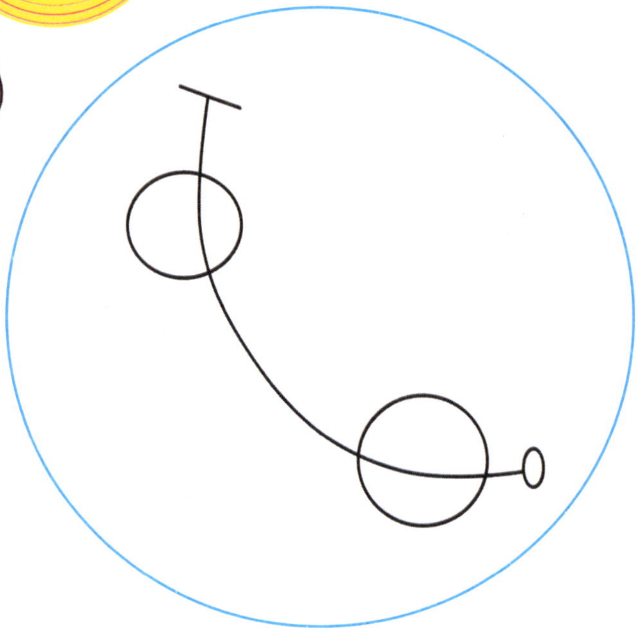

❶ ارسم خطَّين ودائرتين وشكلًا بيضويًا للثمرة والعرق.

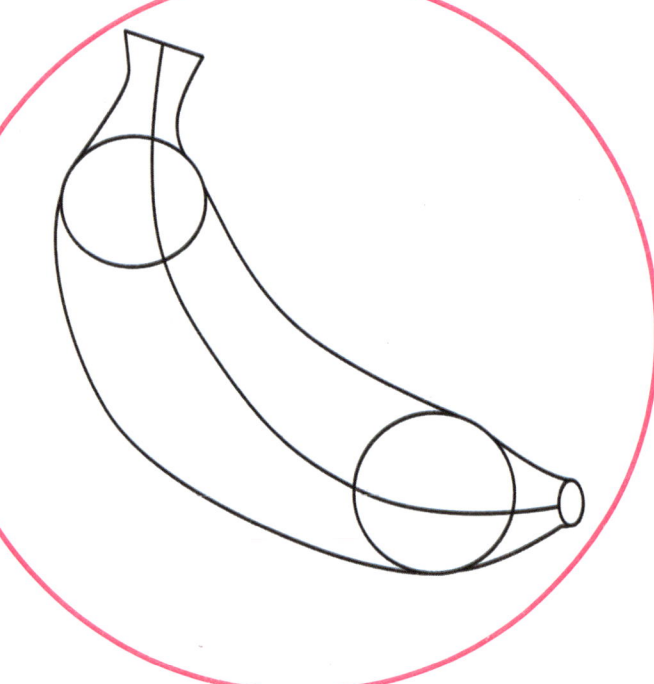

❷ اجمع مقدِّمة الرسم بآخره حول الدوائر.

3 ارسم خطًّا عرضيًا للعرق. امحُ الخطوط غير الضرورية (المحدَّدة باللون الأحمر).

4 يجب أن تظهر كالشكل الموجود في الصورة الموضحة هنا.

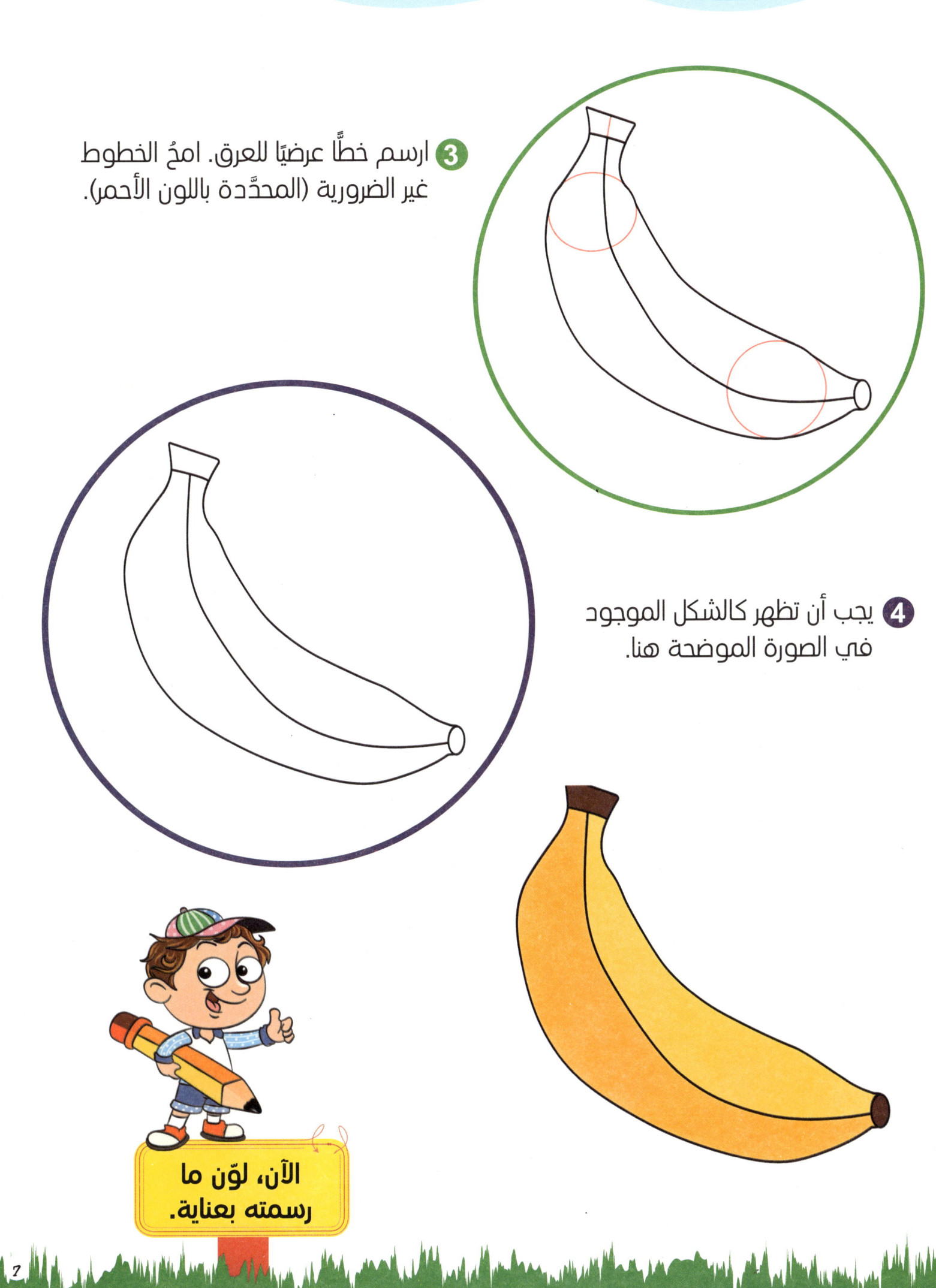

البابايا

الخطوة 1 2 3 4

تتميَّز برائحتها العطرية وعشرات البذور الدائرية داخلها، وقدرتها على شفاء بعض الأمراض مثل الملاريا.

1 ارسم دائرتين متقاطعتين للثمرة وخطًّا للعرق.

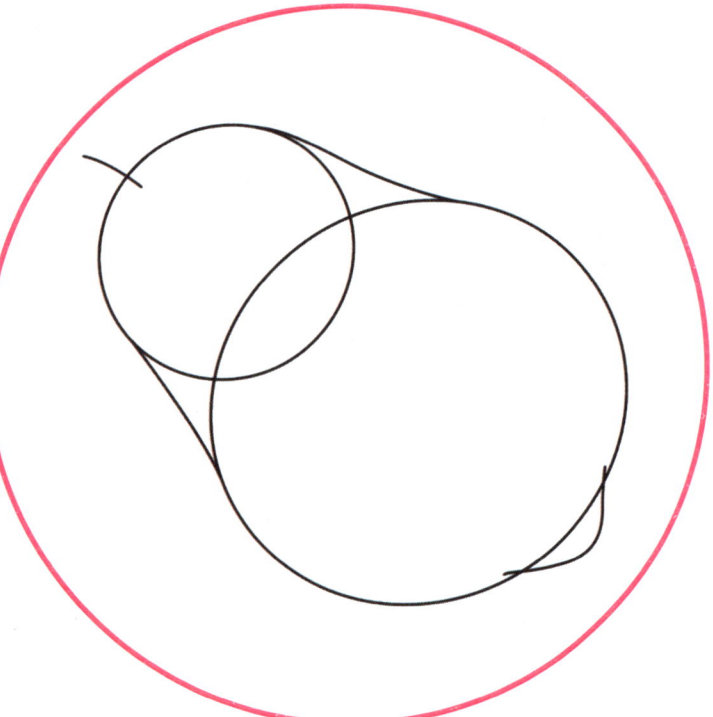

2 ارسم شكل الثمرة.

3 ارسم العرق وخطوط الثمرة. بعد ذلك، امحُ الخطوط غير الضرورية (المحدَّدة باللون الأحمر).

4 ارسم تفاصيل العرق.

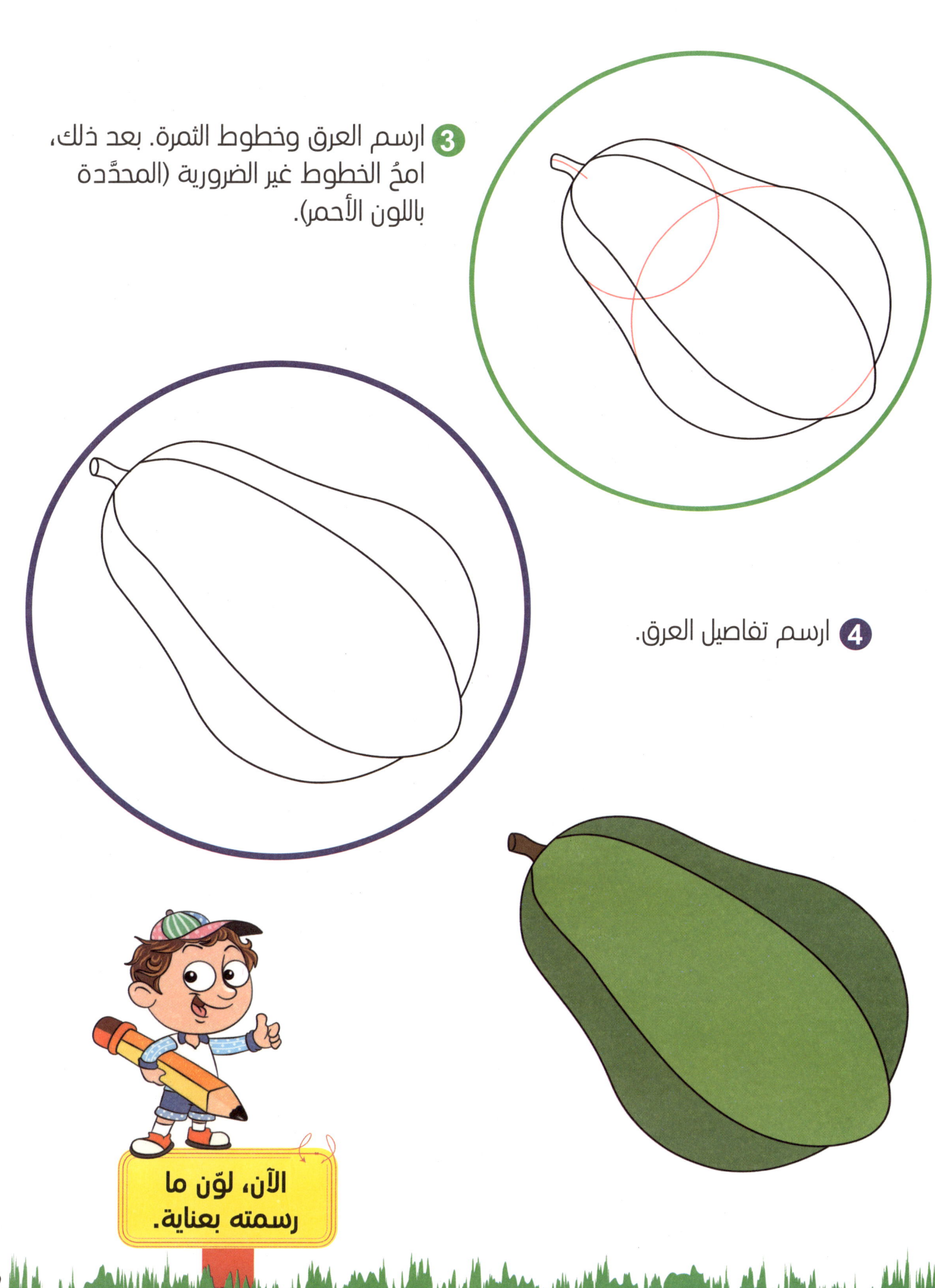

الفراولة

الخطوة 1 2 3 4

تكتسي قشرة ثمرة الفراولة بحوالي 200 بذرة. وهي الثمرة الوحيدة التي تتواجد بذورها على قشرتها.

1 ارسم دائرتين للثمرة وخطوطًا للأوراق والعرق.

2 ارسم الأوراق والعرق وشكل الثمرة.

3 بعد ذلك، امحُ الخطوط غير الضرورية (المحدَّدة باللون الأحمر).

4 ارسم البذور الموجودة على الفراولة.

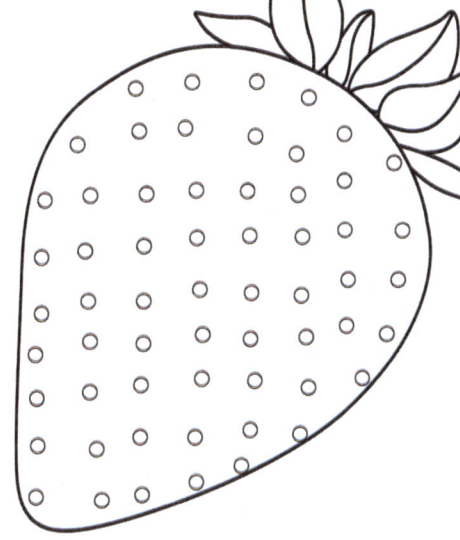

الآن، لوّن ما رسمته بعناية.

العنب

الخطوة 1 2 3 4

ينمو العنب في عناقيد. يتميز بألوانه المختلفة، وفيتاميناته العديدة.

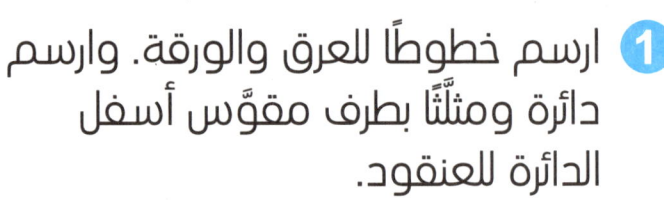

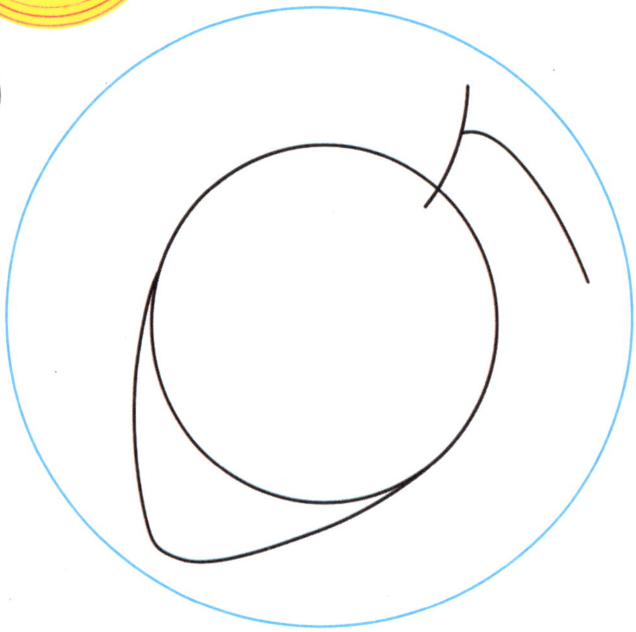

1 ارسم خطوطًا للعرق والورقة. وارسم دائرة ومثلَّثًا بطرف مقوَّس أسفل الدائرة للعنقود.

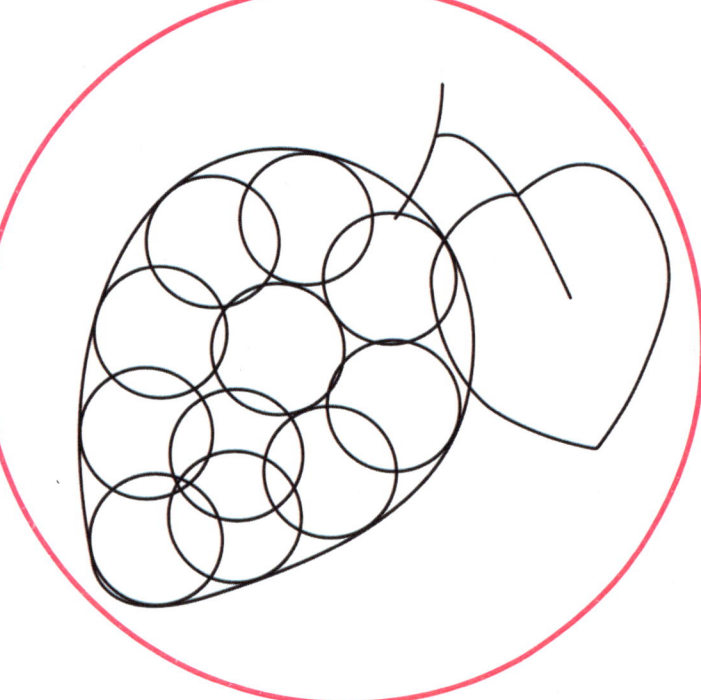

2 ارسم الورقة على شكل قلب. وارسم حبّات دائرية.

3 ارسم العرق والورقة. ثم امحُ الخطوط غير الضرورية (المحدَّدة باللون الأحمر).

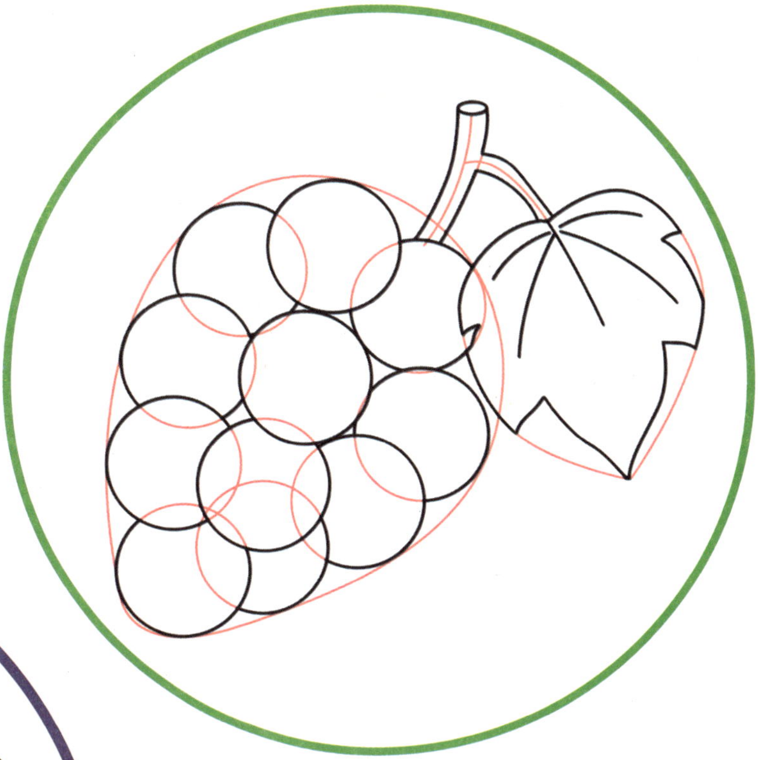

4 ارسم العنقود وتفاصيل حبّات العنب.

الآن، لوّن ما رسمته بعناية.

الكرز

الخطوة ① ② ③ ④

فاكهة صيفية لذيذة. تتميَّز بفائدتها الكبيرة للقلب وتقوية المناعة.

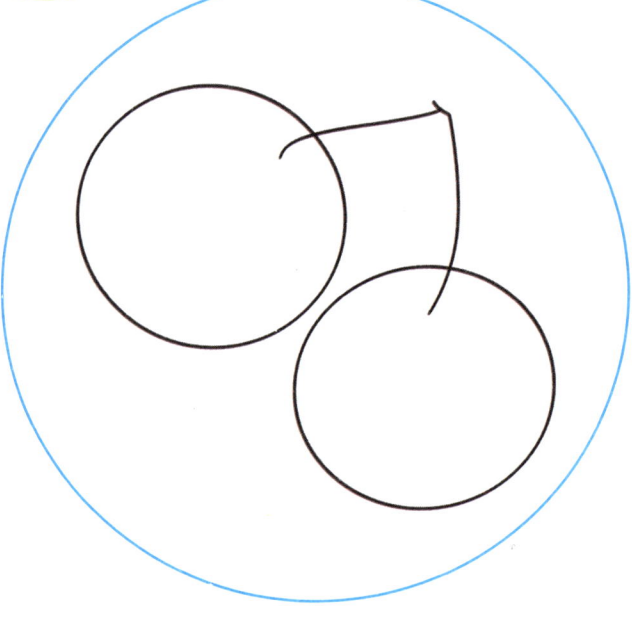

① ارسم دائرتين للثمرتين وخطَّين للعرق.

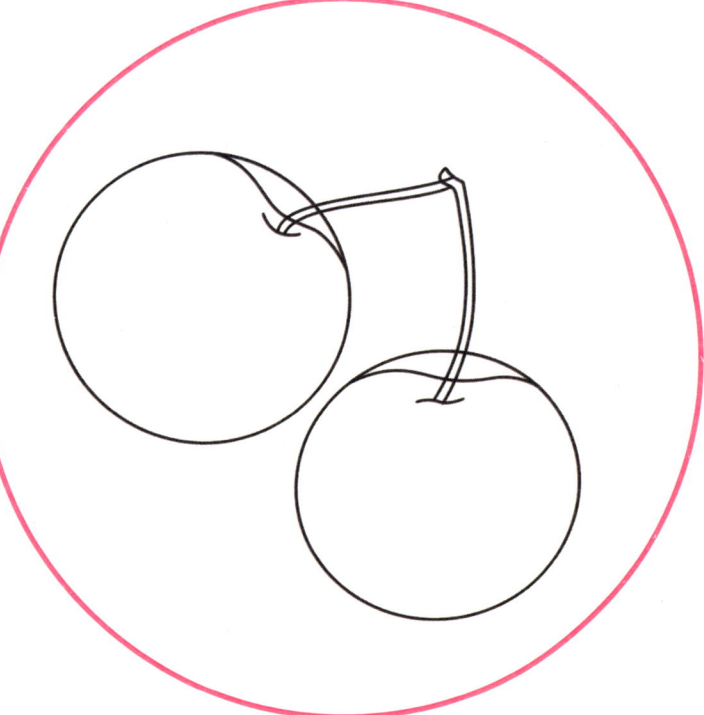

② ارسم التفاصيل التي تمنح الثمرتين والعرقين شكلهما.

3 بعد ذلك، امحُ الخطوط غير الضرورية (المحدَّدة باللون الأحمر).

4 ارسم التفاصيل المتبقية للثمرتين.

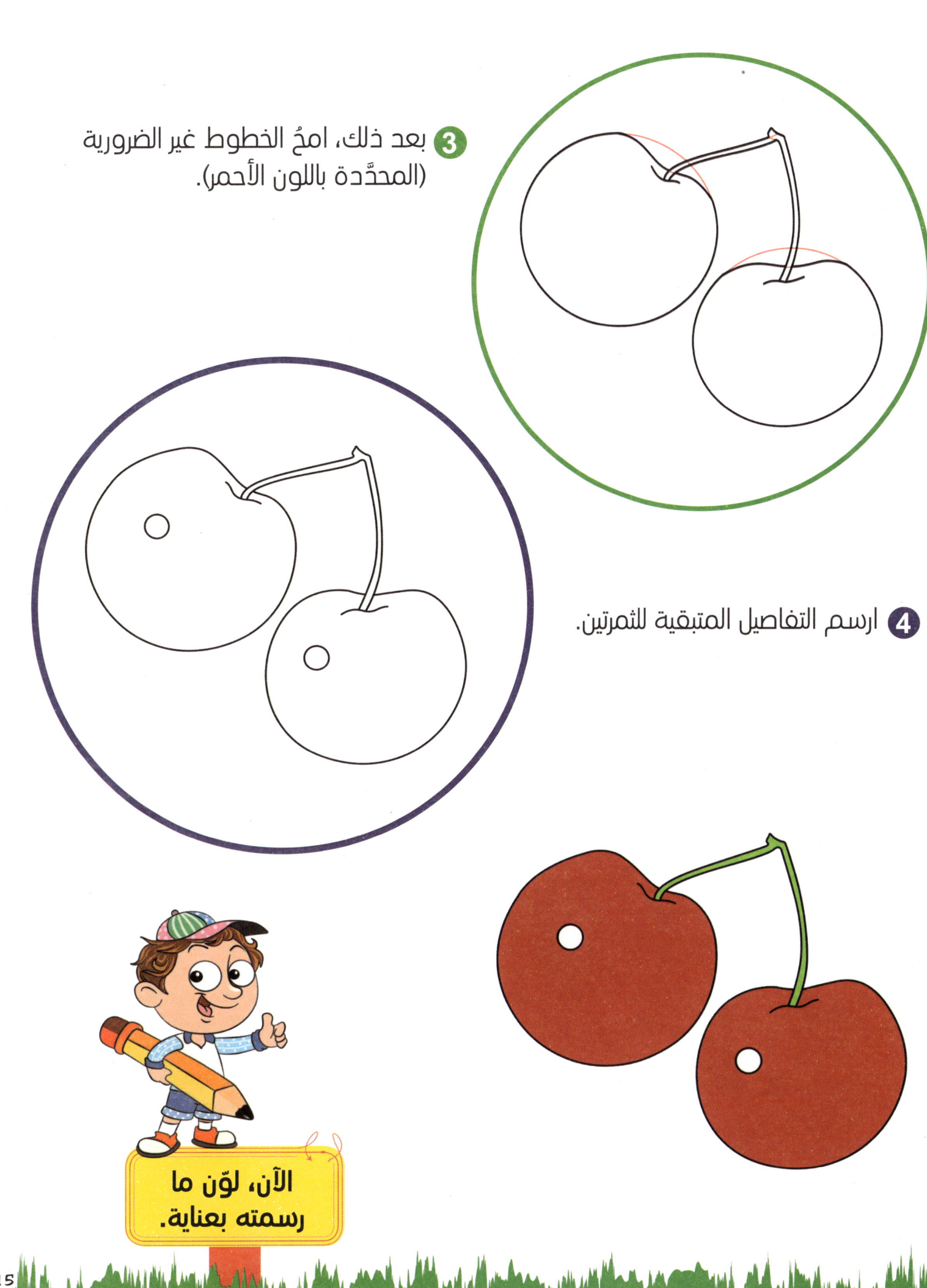

الكمثرى

الخطوة 1 2 3 4

يمكن أن تكون دائرية أو بيضوية أو مخروطية الشكل، وبألوانها العديدة.

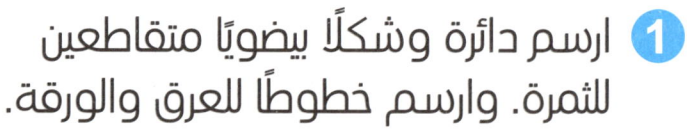

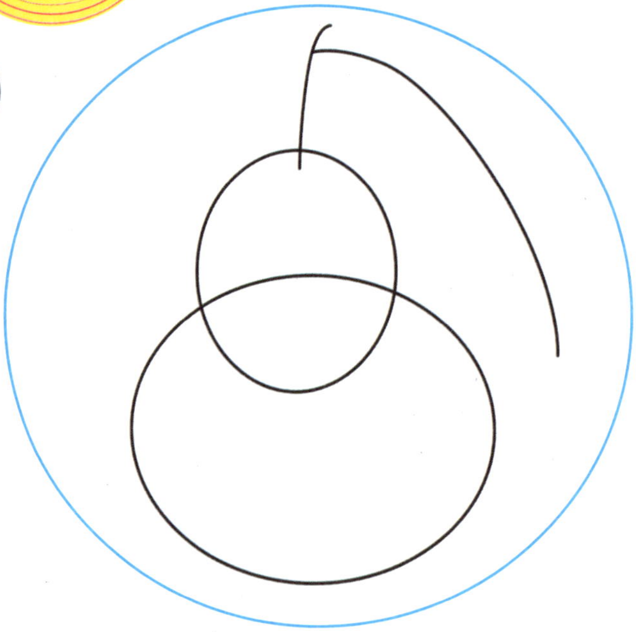

1 ارسم دائرة وشكلًا بيضويًا متقاطعين للثمرة. وارسم خطوطًا للعرق والورقة.

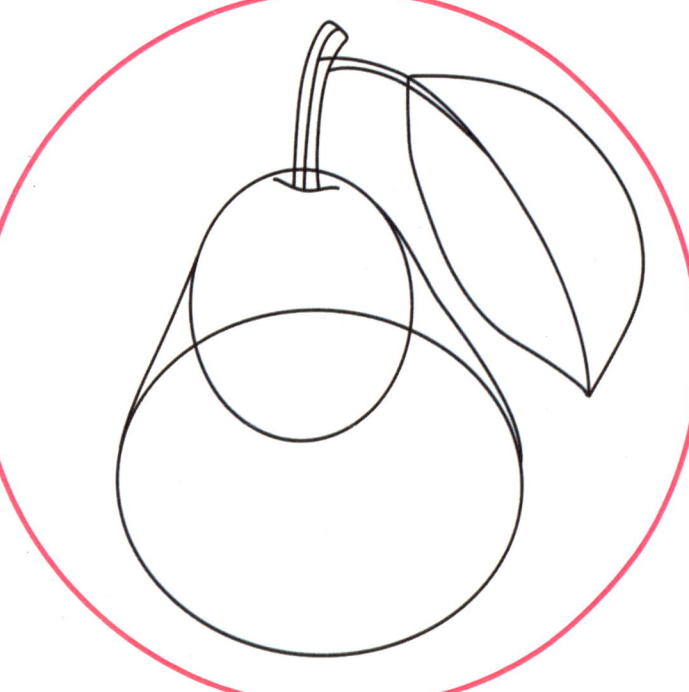

2 ارسم الورقة والعرق وشكل الثمرة.

3 بعد ذلك، امحُ الخطوط غير الضرورية (المحدَّدة باللون الأحمر).

4 ارسم عروق الورقة.

الآن، لوّن ما رسمته بعناية.

الجاك فروت

الخطوة 1 2 3 4

تمتلئ فاكهة الجاك فروت بمئات الزهور الصغيرة التي تؤكل.

1. ارسم دائرة وشكلًا بيضويًا للثمرة. وارسم خطًّا للعرق.

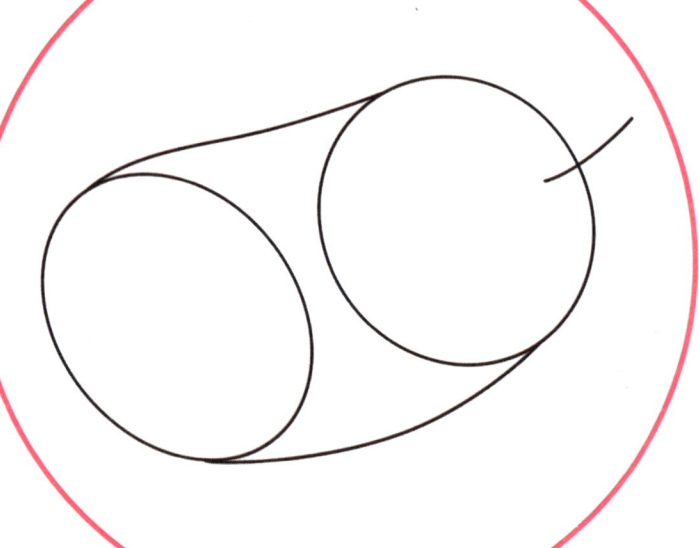

2. ارسم شكل الثمرة.

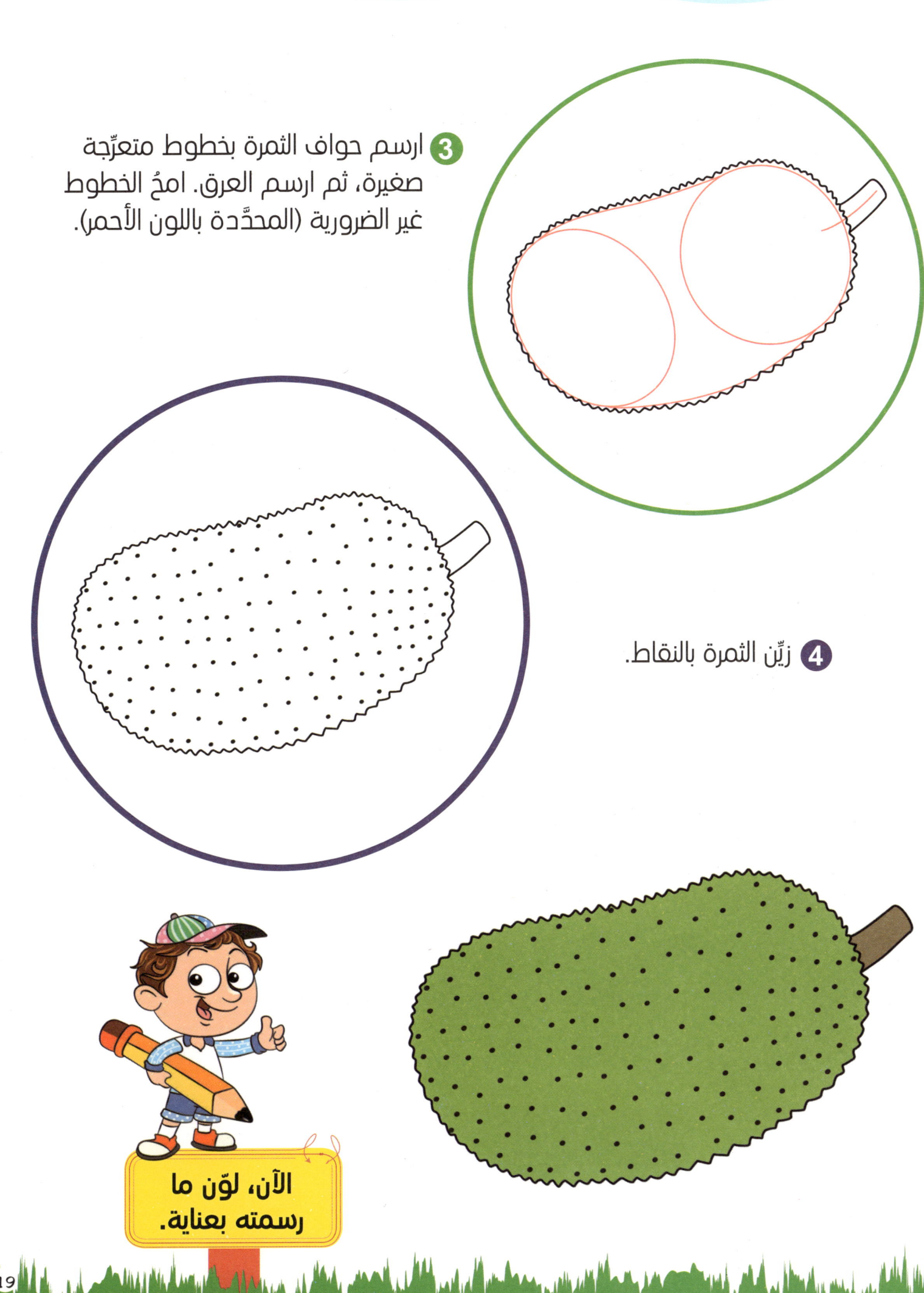

3. ارسم حواف الثمرة بخطوط متعرِّجة صغيرة، ثم ارسم العرق. امحُ الخطوط غير الضرورية (المحدَّدة باللون الأحمر).

4. زيِّن الثمرة بالنقاط.

الآن، لوِّن ما رسمته بعناية.

المشمش

الخطوة 1 2 3 4

المشمش فاكهة صيفية، مليئة بالفيتامينات، لذا يُجفَّف ويُخزَّن ليؤكل على مدار السنة، تحديدًا في رمضان، يُسمى عصيره "قمر الدين".

1 ارسم دائرة للثمرة وخطوطًا للعرق والأوراق.

2 ارسم الأوراق والعرق، وارسم شكل الثمرة.

3 بعد ذلك، امحُ الخطوط غير الضرورية (المحدَّدة باللون الأحمر).

4 ارسم عروق الأوراق.

البرتقال

الخطوة ① ② ③ ④

يتميَّز البرتقال بلون قشرته وثمرته البرتقالي، وهو من أشهرِ الحمضيات.

① ارسم دائرة للثمرة وخطوطًا للعرق والأوراق.

② ارسم العرق والأوراق وشكل الثمرة.

3 بعد ذلك، امحُ الخطوط غير الضرورية (المحدَّدة باللون الأحمر).

4 ارسم تفاصيل الثمرة والأوراق والعرق.

الأناناس

الخطوة 1 2 3 4

تتميَّز بعرق على شكل تاج جميل، وبالمعيَّنات التي تزيِّن قشرتها.

1 ارسم دائرة للثمرة وخطوطًا للعرق والأوراق.

2 ارسم العرق والأوراق وشكل الثمرة.

3️⃣ بعد ذلك، امحُ الخطوط غير الضرورية (المحدَّدة باللون الأحمر).

4️⃣ ارسم تفاصيل الثمرة والأوراق والعرق.

الآن، لوّن ما رسمته بعناية.

البطِّيخ

الخطوة 1 2 3 4

أكثر من 90% من وزنِ البطِّيخة ماء.
لذا هو ثمرة الصيف المميَّزة.

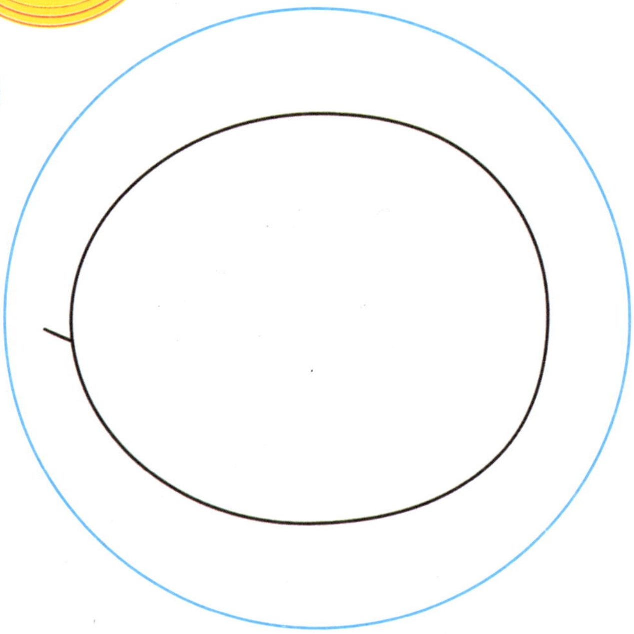

1 ارسم شكلًا بيضويًا للثمرة وخطًا للعرق.

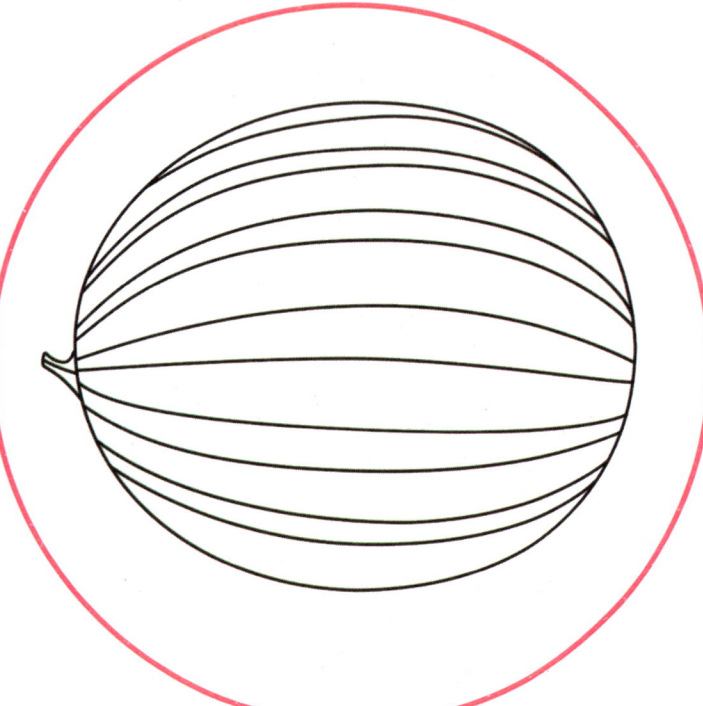

2 ارسم خطوطًا لإكمال شكل الثمرة. وارسم العرق.

3 ارسم شكل الثمرة. بعد ذلك، امحُ الخطوط غير الضرورية (المحدَّدة باللون الأحمر).

4 يجب أن تظهر كالشكل الموضح هنا.

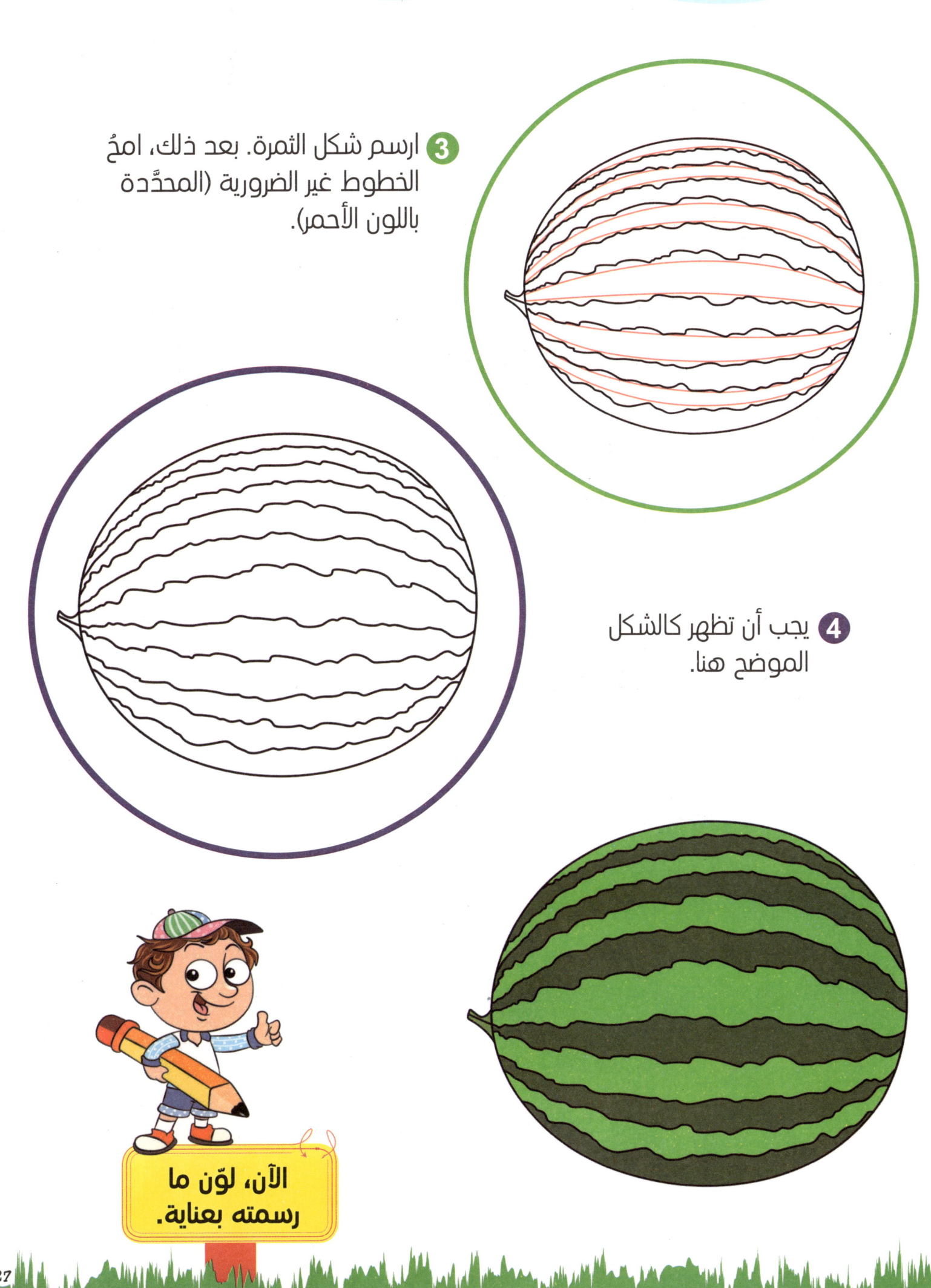

جوز الهند

الخطوة 1 2 3 4

فاكهة استوائية كثيرة الفوائد.
تكون قشرتها خضراء وحين تصبح بنية
نكسرها لنشرب ماءها ونأكل لبَّها.

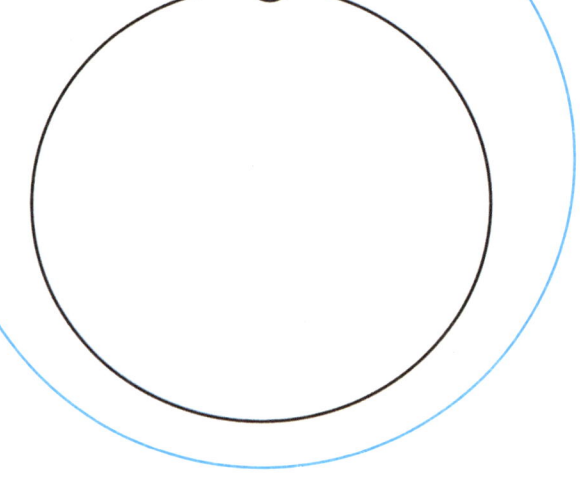

1 ارسم دائرة للثمرة وخطَّين للعرق.

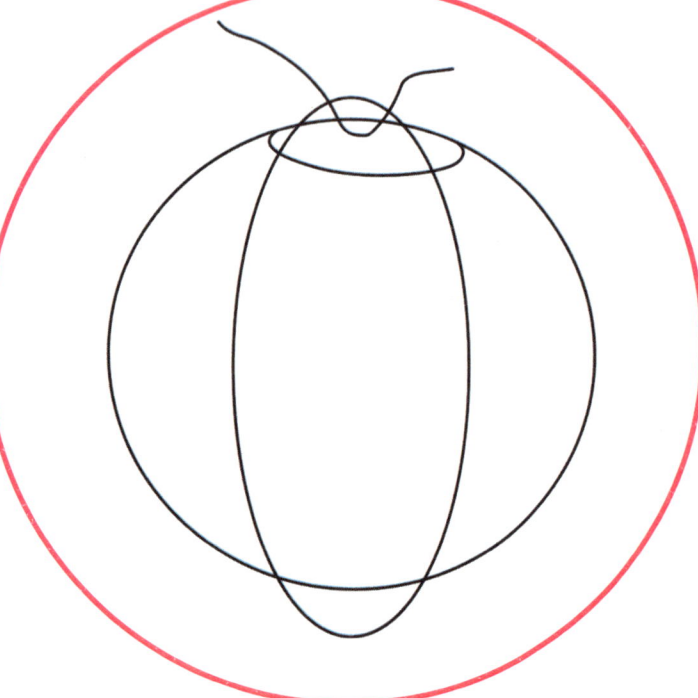

2 ارسم دائرة أخرى للجزء العلوي من الثمرة. وارسم شكلًا بيضويًا في المنتصف لإكمال شكل الثمرة.

3 ارسم الجزء العلوي من الثمرة والعرق. بعد ذلك، امحُ الخطوط غير الضرورية (المحدَّدة باللون الأحمر).

4 ارسم تفاصيل العرق.

التوت

الخطوة 1 2 3 4

يتميز باختلاف ألوانه وأصنافه؛ فهناك التوت الشامي والبرِّي، الأحمر والأزرق والأبيض...

1 ارسم دائرة للثمرة، أعلاها شكل بيضوي. وارسم خطًّا للعرق.

2 ارسم خطوطًا للجزء العلوي من الثمرة.

❸ ارسم شكل الثمرة. وارسم أوراق الثمرة والعرق. بعد ذلك، امحُ الخطوط غير الضرورية (المحدَّدة باللون الأحمر).

❹ ارسم التفاصيل المتبقية للثمرة.

الآن، لوّن ما رسمته بعناية.

اختبار حول الفواكه

الخطوة ① ② ③ ④

1. ما الفاكهة التي تنمو على شجرة عالية تشبه النخلة؟

2. ما الفاكهة التي تحتوي على أكثر من 90% ماء؟

3. ما الفاكهة التي تشبه بذورها الخرز؟

4. ما الفاكهة التي تحتوي على بذور صغيرة للغاية، لا نراها غالبًا؟

5. ما الفاكهة التي ساعدت نيوتن على اكتشاف الجاذبية؟

6. ما الفاكهة التي لها تاج جميل من الأوراق؟

7. ما الفاكهة التي تُعرف بقدرتها على تحصين المناعة؟

8. ما الفاكهة التي توجد بذورها على قشرتها الخارجية؟

9. فاكهة من الحمضيات ولكنها حلوة المذاق؟

10. ما الفاكهة التي يصنع منها عصير رمضاني شهير؟

11. ما الفاكهة التي تتوفر بأشكال بيضوية ودائرية ومخروطية؟

12. ما الفاكهة التي تحتوي على زهور تؤكل؟

13. ما الفاكهة التي تنمو في كرمة؟

14. ما الفاكهة التي يتغذّى من أوراقها دود القزّ؟

15. ما الفاكهة التي تعالج مرض الملاريا؟